한눈에 보는 DEP242

(개역개정판)

THE NAVIGATORS

DEP(Discipleship Eight Package)란 제자의 삶에 핵심적으로 필요한 성경말씀 **8 패키지**를 뜻합니다.

한눈에 보는 DEP 242 구절

DEP 242 구절은 헌신된 주님의 제자로 자신이 먼저 성장하며 나아가 다른 사람을 제자로 삼는 데 필수적인 8가지 주제 즉, 구원의 확신, Quiet Time, 말씀, 기도, 교제, 증거, 그리스도의 주재권, 세계 비전에 관한 말씀들입니다.

이 책자는 DEP 242 구절 전체를 한눈에 확인하며 제자의 도를 실천하고 전달하는 데 도움을 주기 위해 만들어졌습니다.

차 례

I. 구원의 확신

1. 확신할 수 있음

(고린도후서 13:5)
너희는 믿음 안에 있는가 너희 자신을 시험하고 너희 자신을 확증하라. 예수 그리스도께서 너희 안에 계신 줄을 너희가 스스로 알지 못하느냐. 그렇지 않으면 너희는 버림받은 자니라.

(요한일서 5:11-12)
또 증거는 이것이니 하나님이 우리에게 영생을 주신 것과 이 생명이 그의 아들 안에 있는 그것이니라. 아들이 있는 자에게는 생명이 있고 하나님의 아들이 없는 자에게는 생명이 없느니라.

2. 영생이 있음을 앎

(요한일서 5:13)
내가 하나님의 아들의 이름을 믿는 너희에게 이것을 쓰는 것은 너희로 하여금 너희에게 영생이 있음을 알게 하려 함이라.

(요한복음 6:47)
진실로 진실로 너희에게 이르노니 믿는 자는 영생을 가졌나니

3. 죄 사함을 받음

(에베소서 1:7)
우리는 그리스도 안에서 그의 은혜의 풍성함을 따라 그의 피로 말미암아 속량 곧 죄 사함을 받았느니라.

(로마서 8:1)
그러므로 이제 그리스도 예수 안에 있는 자에게는 결코 정죄함이 없나니

4. 의롭게 됨

(로마서 3:24)
그리스도 예수 안에 있는 속량으로 말미암아 하나님의 은혜로 값없이 의롭다 하심을 얻은 자 되었느니라.

(로마서 5:1)
그러므로 우리가 믿음으로 의롭다 하심을 받았으니 우리 주 예수 그리스도로 말미암아 하나님과 화평을 누리자.

5. 그리스도 안에서 거듭남

(베드로전서 1:3)
우리 주 예수 그리스도의 아버지 하나님을 찬송하리로다. 그의 많으신 긍휼대로 예수 그리스도를 죽은 자 가운데서 부활하게 하심으로 말미암아 우리를 거듭나게 하사 산 소망이 있게 하시며

(디도서 3:5)
우리를 구원하시되 우리가 행한 바 의로운 행위로 말미암지 아니하고 오직 그의 긍휼하심을 따라 중생의 씻음과 성령의 새롭게 하심으로 하셨나니

6. 하나님의 자녀가 됨

(갈라디아서 3:26)
너희가 다 믿음으로 말미암아 그리스도 예수 안에서 하나님의 아들이 되었으니

(로마서 8:14)
무릇 하나님의 영으로 인도함을 받는 사람은 곧 하나님의 아들이라.

7. 믿는 자 안에 거하시는 성령

(로마서 8:9)
만일 너희 속에 하나님의 영이 거하시면 너희가 육신에 있지 아니하고 영에 있나니 누구든지 그리스도의 영이 없으면 그리스도의 사람이 아니라.

(요한복음 14:16-17)
내가 아버지께 구하겠으니 그가 또 다른 보혜사를 너희에게 주사 영원토록 너희와 함께 있게 하리니 그는 진리의 영이라. 세상은 능히 그를 받지 못하나니 이는 그를 보지도 못하고 알지도 못함이라. 그러나 너희는 그를 아나니 그는 너희와 함께 거하심이요 또 너희 속에 계시겠음이라.

8. 빼앗기지 않는 구원

(요한복음 10:28-29)
내가 그들에게 영생을 주노니 영원히 멸망하지 아니할 것이요 또 그들을 내 손에서 빼앗을 자가 없느니라. 그들을 주신 내 아버지는 만물보다 크시매 아무도 아버지 손에서 빼앗을 수 없느니라.

(로마서 8:39)
높음이나 깊음이나 다른 어떤 피조물이라도 우리를 우리 주 그리스도 예수 안에 있는 하나님의 사랑에서 끊을 수 없으리라.

9. 말씀에 근거한 확신

(베드로전서 1:23)
너희가 거듭난 것은 썩어질 씨로 된 것이 아니요 썩지 아니할 씨로 된 것이니 살아 있고 항상 있는 하나님의 말씀으로 되었느니라.

(에베소서 1:13)
그 안에서 너희도 진리의 말씀 곧 너희의 구원의 복음을 듣고 그 안에서 또한 믿어 약속의 성령으로 인치심을 받았으니

II. Quiet Time

1. 왜 Quiet Time을 가져야 하는가?

1) 하나님이 교제를 원하심

(고린도전서 1:9)
너희를 불러 그의 아들 예수 그리스도 우리 주와 더불어 교제하게 하시는 하나님은 미쁘시도다.

(이사야 30:18)
그러나 여호와께서 기다리시나니 이는 너희에게 은혜를 베풀려 하심이요, 일어나시리니 이는 너희를 긍휼히 여기려 하심이라. 대저 여호와는 정의의 하나님이심이라. 그를 기다리는 자마다 복이 있도다.

2) 하나님의 명령

(이사야 55:6)

너희는 여호와를 만날 만한 때에 찾으라. 가까이 계실 때에 그를 부르라.

(시편 27:8)

너희는 내 얼굴을 찾으라 하실 때에 내가 마음으로 주께 말하되 여호와여 내가 주의 얼굴을 찾으리이다 하였나이다.

3) 축복의 약속

(요한복음 15:5)

나는 포도나무요 너희는 가지라. 그가 내 안에, 내가 그 안에 거하면 사람이 열매를 많이 맺나니 나를 떠나서는 너희가 아무것도 할 수 없음이라.

(시편 34:10)
젊은 사자는 궁핍하여 주릴지라도 여호와를 찾는 자는 모든 좋은 것에 부족함이 없으리로다.

4) 하나님의 뜻을 알고 행하기 위해

(하박국 2:1)
내가 내 파수하는 곳에 서며 성루에 서리라. 그가 내게 무엇이라 말씀하실는지 기다리고 바라보며 나의 질문에 대하여 어떻게 대답하실는지 보리라 하였더니

(시편 143:8,10)
아침에 나로 하여금 주의 인자한 말씀을 듣게 하소서. 내가 주를 의뢰함이니이다. 내가 다닐 길을 알게 하소서. 내가 내 영혼을 주께 드림이니이다. 주는 나의 하나님이시니 나를 가르쳐 주의 뜻을 행하게 하소서. 주의 영은 선하시니 나를 공평한 땅에 인도하소서.

2. Quiet Time이란 무엇인가?

1) 주님을 바라보는 것

(히브리서 12:2)
믿음의 주요 또 온전하게 하시는 이인 예수를 바라보자. 그는 그 앞에 있는 기쁨을 위하여 십자가를 참으사 부끄러움을 개의치 아니하시더니 하나님 보좌 우편에 앉으셨느니라.

(시편 42:11)
내 영혼아 네가 어찌하여 낙심하며 어찌하여 내 속에서 불안해하는가. 너는 하나님께 소망을 두라. 나는 그가 나타나 도우심으로 말미암아 내 하나님을 여전히 찬송하리로다.

2) 갈급함으로 주님께 나아가는 것

(시편 42:1)
하나님이여 사슴이 시냇물을 찾기에 갈급함같이 내 영혼이 주를 찾기에 갈급하니이다.

(시편 130:5-6)
나 곧 내 영혼은 여호와를 기다리며 나는 주의 말씀을 바라는도다. 파수꾼이 아침을 기다림보다 내 영혼이 주를 더 기다리나니 참으로 파수꾼이 아침을 기다림보다 더하도다.

3) 우리 짐을 주님께 맡기는 것

(시편 55:22)
네 짐을 여호와께 맡기라. 그가 너를 붙드시고 의인의 요동함을 영원히 허락하지 아니하시리로다.

(시편 68:19)
날마다 우리 짐을 지시는 주 곧 우리의 구원이신 하나님을 찬송할지로다.

4) 주님께 피하고 쉬는 것

(시편 91:9-10)
네가 말하기를 여호와는 나의 피난처시라 하고 지존자를 너의 거처로 삼았으므로 화가 네게 미치지 못하며 재앙이 네 장막에 가까이 오지 못하리니

(마태복음 11:28-29)
수고하고 무거운 짐 진 자들아 다 내게로 오라. 내가 너희를 쉬게 하리라. 나는 마음이 온유하고 겸손하니 나의 멍에를 메고 내게 배우라. 그리하면 너희 마음이 쉼을 얻으리니

5) 말씀과 기도로 주님과 교제하는 것

(시편 119:147-148)
내가 날이 밝기 전에 부르짖으며 주의 말씀을 바랐사오며 주의 말씀을 조용히 읊조리려고 내가 새벽녘에 눈을 떴나이다.

(시편 5:3)
여호와여 아침에 주께서 나의 소리를 들으시리니 아침에 내가 주께 기도하고 바라리이다.

6) 주님을 예배하는 것

(시편 95:6)
오라. 우리가 굽혀 경배하며 우리를 지으신 여호와 앞에 무릎을 꿇자.

(히브리서 13:15)
그러므로 우리는 예수로 말미암아 항상 찬송의 제사를 하나님께 드리자. 이는 그 이름을 증언하는 입술의 열매니라.

7) 매일의 만족을 얻는 것

(시편 90:14)
아침에 주의 인자하심이 우리를 만족하게 하사 우리를 일생 동안 즐겁고 기쁘게 하소서.

(시편 107:9)
그가 사모하는 영혼에게 만족을 주시며 주린 영혼에게 좋은 것으로 채워 주심이로다.

3. Quiet Time의 본

1) 하루의 첫 시간에 기도하신 예수님

(마가복음 1:35)

새벽 아직도 밝기 전에 예수께서 일어나 나가 한적한 곳으로 가사 거기서 기도하시더니

2) 친밀한 교제를 가진 모세

(출애굽기 33:11)

사람이 자기의 친구와 이야기함같이 여호와께서는 모세와 대면하여 말씀하시며 모세는 진으로 돌아오나 눈의 아들 젊은 수종자 여호수아는 회막을 떠나지 아니하니라.

3) 생명보다 귀히 여긴 다니엘

(다니엘 6:10)

다니엘이 이 조서에 왕의 도장이 찍힌 것을 알고도 자기 집에 돌아가서는 윗방에 올라가 예루살렘으로 향한 창문을 열고 전에 하던 대로 하루 세 번씩 무릎을 꿇고 기도하며 그의 하나님께 감사하였더라.

4) 주님과 함께함으로 깨달음을 얻은 제자들

(마가복음 4:34)

비유가 아니면 말씀하지 아니하시고 다만 혼자 계실 때에 그 제자들에게 모든 것을 해석하시더라.

III. 말 씀

1. 말씀의 권위

1) 하나님의 감동으로 된 말씀

(디모데후서 3:16)
모든 성경은 하나님의 감동으로 된 것으로 교훈과 책망과 바르게 함과 의로 교육하기에 유익하니

(베드로후서 1:21)
예언은 언제든지 사람의 뜻으로 낸 것이 아니요 오직 성령의 감동하심을 받은 사람들이 하나님께 받아 말한 것임이라.

2) 영원불변한 말씀

(마태복음 24:35)
천지는 없어질지언정 내 말은 없어지지 아니하리라.

(베드로전서 1:24-25)
그러므로 모든 육체는 풀과 같고 그 모든 영광은 풀의 꽃과 같으니 풀은 마르고 꽃은 떨어지되 오직 주의 말씀은 세세토록 있도다 하였으니 너희에게 전한 복음이 곧 이 말씀이니라.

3) 진리의 말씀

(요한복음 17:17)
그들을 진리로 거룩하게 하옵소서. 아버지의 말씀은 진리니이다.

(사무엘하 7:28)
주 여호와여 오직 주는 하나님이시며 주의 말씀들이 참되시니이다. 주께서 이 좋은 것을 주의 종에게 말씀하셨사오니

4) 능력의 말씀

(예레미야 23:29)
여호와의 말씀이니라. 내 말이 불 같지 아니하냐. 바위를 쳐서 부스러뜨리는 방망이 같지 아니하냐.

(디모데후서 2:9)
복음으로 말미암아 내가 죄인과 같이 매이는 데까지 고난을 받았으나 하나님의 말씀은 매이지 아니하니라.

5) 예수님도 말씀에 권위를 두심

(마태복음 4:4)

예수께서 대답하여 이르시되 기록되었으되 사람이 떡으로만 살 것이 아니요 하나님의 입으로부터 나오는 모든 말씀으로 살 것이라 하였느니라 하시니

(누가복음 24:27)

이에 모세와 모든 선지자의 글로 시작하여 모든 성경에 쓴 바 자기에 관한 것을 자세히 설명하시니라.

2. 말씀의 가치

1) 거듭나게 함

(베드로전서 1:23)
너희가 거듭난 것은 썩어질 씨로 된 것이 아니요 썩지 아니할 씨로 된 것이니 살아 있고 항상 있는 하나님의 말씀으로 되었느니라.

(야고보서 1:18)
그가 그 피조물 중에 우리로 한 첫 열매가 되게 하시려고 자기의 뜻을 따라 진리의 말씀으로 우리를 낳으셨느니라.

2) 성장하게 함

(베드로전서 2:2)
갓난아기들같이 순전하고 신령한 젖을 사모하라. 이는 그로 말미암아 너희로 구원에 이르도록 자라게 하려 함이라.

(사도행전 20:32)
지금 내가 여러분을 주와 및 그 은혜의 말씀에 부탁하노니 그 말씀이 여러분을 능히 든든히 세우사 거룩하게 하심을 입은 모든 자 가운데 기업이 있게 하시리라.

3) 인도해 주심

(시편 119:105)
주의 말씀은 내 발에 등이요 내 길에 빛이니이다.

(잠언 6:22-23)
그것이 네가 다닐 때에 너를 인도하며 네가 잘 때에 너를 보호하며 네가 깰 때에 너와 더불어 말하리니 대저 명령은 등불이요 법은 빛이요 훈계의 책망은 곧 생명의 길이라.

4) 문제를 해결해 주심

(시편 107:20)
그가 그의 말씀을 보내어 그들을 고치시고 위험한 지경에서 건지시는도다.

(마태복음 8:8)
백부장이 대답하여 이르되 주여 내 집에 들어오심을 나는 감당하지 못하겠사오니 다만 말씀으로만 하옵소서 그러면 내 하인이 낫겠사옵나이다.

5) 기쁨과 즐거움이 됨

(예레미야 15:16)
만군의 하나님 여호와시여 나는 주의 이름으로 일컬음을 받는 자라. 내가 주의 말씀을 얻어먹었사오니 주의 말씀은 내게 기쁨과 내 마음의 즐거움이오나

(시편 119:111)
주의 증거들로 내가 영원히 나의 기업을 삼았사오니 이는 내 마음의 즐거움이 됨이니이다.

6) 영적 무기가 됨

(에베소서 6:17)
구원의 투구와 성령의 검 곧 하나님의 말씀을 가지라.

(히브리서 4:12)
하나님의 말씀은 살아 있고 활력이 있어 좌우에 날 선 어떤 검보다도 예리하여 혼과 영과 및 관절과 골수를 찔러 쪼개기까지 하며 또 마음의 생각과 뜻을 판단하나니

3. 말씀에 대한 태도

1) 날마다 말씀을 상고함

(사도행전 17:11)

베뢰아에 있는 사람들은 데살로니가에 있는 사람들보다 더 너그러워서 간절한 마음으로 말씀을 받고 이것이 그러한가 하여 날마다 성경을 상고하므로

2) 종일 말씀을 묵상함

(시편 119:97)

내가 주의 법을 어찌 그리 사랑하는지요. 내가 그것을 종일 작은 소리로 읊조리나이다.

3) 말씀을 행하고 가르침

(에스라 7:10)

에스라가 여호와의 율법을 연구하여 준행하며 율례와 규례를 이스라엘에게 가르치기로 결심하였었더라.

4) 일정한 음식보다 말씀을 더 귀히 여김

(욥기 23:12)

내가 그의 입술의 명령을 어기지 아니하고 정한 음식보다 그의 입의 말씀을 귀히 여겼도다.

5) 말씀을 믿고 순종함

(누가복음 5:5-6)
시몬이 대답하여 이르되 선생님 우리들이 밤이 새도록 수고하였으되 잡은 것이 없지마는 말씀에 의지하여 내가 그물을 내리리이다 하고 그렇게 하니 고기를 잡은 것이 심히 많아 그물이 찢어지는지라.

4. 말씀의 섭취 방법(말씀의 손 예화)

1) 듣 기

(로마서 10:17)
그러므로 믿음은 들음에서 나며 들음은 그리스도의 말씀으로 말미암았느니라.

(누가복음 11:28)
예수께서 이르시되 오히려 하나님의 말씀을 듣고 지키는 자가 복이 있느니라 하시니라.

2) 읽 기

(요한계시록 1:3)
이 예언의 말씀을 읽는 자와 듣는 자와 그 가운데에 기록한 것을 지키는 자는 복이 있나니 때가 가까움이라.

(신명기 17:19)
평생에 자기 옆에 두고 읽어 그의 하나님 여호와 경외하기를 배우며 이 율법의 모든 말과 이 규례를 지켜 행할 것이라.

3) 공 부

(사도행전 17:11)
베뢰아에 있는 사람들은 데살로니가에 있는 사람들보다 더 너그러워서 간절한 마음으로 말씀을 받고 이것이 그러한가 하여 날마다 성경을 상고하므로

(디모데후서 2:15)
너는 진리의 말씀을 옳게 분별하며 부끄러울 것이 없는 일꾼으로 인정된 자로 자신을 하나님 앞에 드리기를 힘쓰라.

4) 암 송

(신명기 6:6)
오늘 내가 네게 명하는 이 말씀을 너는 마음에 새기고

(잠언 7:1-3)
내 아들아 내 말을 지키며 내 계명을 간직하라. 내 계명을 지켜 살며 내 법을 네 눈동자처럼 지키라. 이것을 네 손가락에 매며 이것을 네 마음 판에 새기라.

5) 묵 상

(시편 1:1-2)
복 있는 사람은 악인들의 꾀를 따르지 아니하며 죄인들의 길에 서지 아니하며 오만한 자들의 자리에 앉지 아니하고 오직 여호와의 율법을 즐거워하여 그의 율법을 주야로 묵상하는도다.

(여호수아 1:8)
이 율법책을 네 입에서 떠나지 말게 하며 주야로 그것을 묵상하여 그 안에 기록된 대로 다 지켜 행하라. 그리하면 네 길이 평탄하게 될 것이며 네가 형통하리라.

Ⅳ. 기 도

1. 기도의 명령

1) 쉬지 말고 기도할 것

(데살로니가전서 5:17)
쉬지 말고 기도하라.

2) 기도를 힘쓸 것

(골로새서 4:2)
기도를 계속하고 기도에 감사함으로 깨어 있으라.

3) 깨어 기도할 것

(베드로전서 4:7)
만물의 마지막이 가까이 왔으니 그러므로 너희는 정신을 차리고 근신하여 기도하라.

4) 모든 사람을 위하여 기도할 것

(디모데전서 2:1-2)

그러므로 내가 첫째로 권하노니 모든 사람을 위하여 간구와 기도와 도고와 감사를 하되 임금들과 높은 지위에 있는 모든 사람을 위하여 하라. 이는 우리가 모든 경건과 단정함으로 고요하고 평안한 생활을 하려 함이라.

2. 기도의 약속과 축복

1) 응답의 약속

(요한복음 14:13-14)

너희가 내 이름으로 무엇을 구하든지 내가 행하리니 이는 아버지로 하여금 아들로 말미암아 영광을 받으시게 하려 함이라. 내 이름으로 무엇이든지 내게 구하면 내가 행하리라.

2) 넘치는 응답

(에베소서 3:20)

우리 가운데서 역사하시는 능력대로 우리가 구하거나 생각하는 모든 것에 더 넘치도록 능히 하실 이에게

3) 하나님의 뜻을 알게 됨

(예레미야 33:3)

너는 내게 부르짖으라. 내가 네게 응답하겠고 네가 알지 못하는 크고 은밀한 일을 네게 보이리라.

4) 지혜를 주심

(야고보서 1:5)

너희 중에 누구든지 지혜가 부족하거든 모든 사람에게 후히 주시고 꾸짖지 아니하시는 하나님께 구하라. 그리하면 주시리라.

5) 두려움에서 건져 주심

(시편 34:4)

내가 여호와께 간구하매 내게 응답하시고 내 모든 두려움에서 나를 건지셨도다.

6) 환난에서 건져 주심

(시편 50:15)

환난 날에 나를 부르라. 내가 너를 건지리니 네가 나를 영화롭게 하리로다.

7) 담대함을 주심

(사도행전 4:31)

빌기를 다하매 모인 곳이 진동하더니 무리가 다 성령이 충만하여 담대히 하나님의 말씀을 전하니라.

8) 전도의 기회를 주심

(골로새서 4:3)
또한 우리를 위하여 기도하되 하나님이 전도할 문을 우리에게 열어 주사 그리스도의 비밀을 말하게 하시기를 구하라. 내가 이 일 때문에 매임을 당하였노라.

3. 응답받는 기도의 조건

1) 예수님의 이름으로 기도할 것

(요한복음 16:24)
지금까지는 너희가 내 이름으로 아무것도 구하지 아니하였으나 구하라 그리하면 받으리니 너희 기쁨이 충만하리라.

2) 믿음으로 기도할 것

(마태복음 21:22)

너희가 기도할 때에 무엇이든지 믿고 구하는 것은 다 받으리라 하시니라.

3) 성령을 의뢰함으로 기도할 것

(에베소서 6:18)

모든 기도와 간구를 하되 항상 성령 안에서 기도하고 이를 위하여 깨어 구하기를 항상 힘쓰며 여러 성도를 위하여 구하라.

4) 하나님의 뜻대로 기도할 것

(요한일서 5:14-15)

그를 향하여 우리가 가진 바 담대함이 이것이니 그의 뜻대로 무엇을 구하면 들으심이라. 우리가 무엇이든지 구하는 바를 들으시는 줄을 안즉 우리가 그에게 구한 그것을 얻은 줄을 또한 아느니라.

5) 죄를 자백하고 버릴 것

(시편 66:18)
내가 나의 마음에 죄악을 품었더라면 주께서 듣지 아니하시리라.

6) 순종할 것

(요한일서 3:22)
무엇이든지 구하는 바를 그에게서 받나니 이는 우리가 그의 계명을 지키고 그 앞에서 기뻐하시는 것을 행함이라.

7) 합심하여 기도할 것

(마태복음 18:19)
진실로 다시 너희에게 이르노니 너희 중의 두 사람이 땅에서 합심하여 무엇이든지 구하면 하늘에 계신 내 아버지께서 그들을 위하여 이루게 하시리라.

8) 적극적으로 기도할 것

(마태복음 7:7-8)
구하라 그리하면 너희에게 주실 것이요 찾으라 그리하면 찾아낼 것이요 문을 두드리라 그리하면 너희에게 열릴 것이니 구하는 이마다 받을 것이요 찾는 이는 찾아낼 것이요 두드리는 이에게는 열릴 것이니라.

9) 전심으로 부르짖을 것

(예레미야 29:12-13)
너희가 내게 부르짖으며 내게 와서 기도하면 내가 너희들의 기도를 들을 것이요 너희가 온 마음으로 나를 구하면 나를 찾을 것이요 나를 만나리라.

10) 약속을 주장하며 기도할 것

(느헤미야 1:9)

만일 내게로 돌아와 내 계명을 지켜 행하면 너희 쫓긴 자가 하늘 끝에 있을지라도 내가 거기서부터 그들을 모아 내 이름을 두려고 택한 곳에 돌아오게 하리라 하신 말씀을 이제 청하건대 기억하옵소서.

4. 기도의 본

1) 모험적인 기도

(다니엘 6:10)

다니엘이 이 조서에 왕의 도장이 찍힌 것을 알고도 자기 집에 돌아가서는 윗방에 올라가 예루살렘으로 향한 창문을 열고 전에 하던 대로 하루 세 번씩 무릎을 꿇고 기도하며 그의 하나님께 감사하였더라.

2) 우선순위를 둔 기도

(누가복음 5:15-16)

예수의 소문이 더욱 퍼지매 수많은 무리가 말씀도 듣고 자기 병도 고침을 받고자 하여 모여 오되 예수는 물러가사 한적한 곳에서 기도하시니라.

3) 밤을 새워 한 기도

(누가복음 6:12)

이때에 예수께서 기도하시러 산으로 가사 밤이 새도록 하나님께 기도하시고

4) 간절한 기도

(야고보서 5:17-18)

엘리야는 우리와 성정이 같은 사람이로되 그가 비가 오지 않기를 간절히 기도한즉 삼 년 육 개월 동안 땅에 비가 오지 아니하고 다시 기도하니 하늘이 비를 주고 땅이 열매를 맺었느니라.

5) 곤경 중의 기도

(사도행전 16:25)

한밤중에 바울과 실라가 기도하고 하나님을 찬송하매 죄수들이 듣더라.

5. 기도의 손 예화

1) 찬 양

(역대상 29:11-13)

여호와여 위대하심과 권능과 영광과 승리와 위엄이 다 주께 속하였사오니 천지에 있는 것이 다 주의 것이로소이다. 여호와여 주권도 주께 속하였사오니 주는 높으사 만물의 머리이심이니이다. 부와 귀가 주께로 말미암고 또 주는 만물의 주재가 되사 손에 권세와 능력이 있사오니 모든 사람을 크게 하심과 강하게 하심이 주의 손에 있나이다. 우리 하나님이여 이제 우리가 주께 감사하오며 주의 영화로운 이름을 찬양하나이다.

2) 중 보

(디모데전서 2:1-2)

그러므로 내가 첫째로 권하노니 모든 사람을 위하여 간구와 기도와 도고와 감사를 하되 임금들과 높은 지위에 있는 모든 사람을 위하여 하라. 이는 우리가 모든 경건과 단정함으로 고요하고 평안한 생활을 하려 함이라.

3) 감 사

(데살로니가전서 5:18)

범사에 감사하라. 이것이 그리스도 예수 안에서 너희를 향하신 하나님의 뜻이니라.

4) 자 백

(요한일서 1:9)

만일 우리가 우리 죄를 자백하면 그는 미쁘시고 의로우사 우리 죄를 사하시며 우리를 모든 불의에서 깨끗하게 하실 것이요

5) 간 구

(빌립보서 4:6-7)

아무것도 염려하지 말고 다만 모든 일에 기도와 간구로 너희 구할 것을 감사함으로 하나님께 아뢰라. 그리하면 모든 지각에 뛰어난 하나님의 평강이 그리스도 예수 안에서 너희 마음과 생각을 지키시리라.

V. 교 제

1. 교제의 기초

1) 그리스도의 보혈

(에베소서 2:13)
이제는 전에 멀리 있던 너희가 그리스도 예수 안에서 그리스도의 피로 가까워졌느니라.

(골로새서 1:20)
그의 십자가의 피로 화평을 이루사 만물 곧 땅에 있는 것들이나 하늘에 있는 것들이 그로 말미암아 자기와 화목하게 되기를 기뻐하심이라.

2) 하나님-성부, 성자, 성령

(요한일서 1:3)

우리가 보고 들은 바를 너희에게도 전함은 너희로 우리와 사귐이 있게 하려 함이니 우리의 사귐은 아버지와 그의 아들 예수 그리스도와 더불어 누림이라.

(고린도후서 13:13)

주 예수 그리스도의 은혜와 하나님의 사랑과 성령의 교통하심이 너희 무리와 함께 있을지어다.

2. 교제의 중요성

1) 함께하심의 약속

(마태복음 18:20)

두세 사람이 내 이름으로 모인 곳에는 나도 그들 중에 있느니라.

2) 복을 명하심

(시편 133:1-3)

보라. 형제가 연합하여 동거함이 어찌 그리 선하고 아름다운고. 머리에 있는 보배로운 기름이 수염 곧 아론의 수염에 흘러서 그의 옷깃까지 내림 같고 헐몬의 이슬이 시온의 산들에 내림 같도다. 거기서 여호와께서 복을 명령하셨나니 곧 영생이로다.

3) 죄로부터 보호됨

(히브리서 3:13)

오직 오늘이라 일컫는 동안에 매일 피차 권면하여 너희 중에 누구든지 죄의 유혹으로 완고하게 되지 않도록 하라.

4) 서로 일으켜 줌

(전도서 4:9-10)

두 사람이 한 사람보다 나음은 그들이 수고함으로 좋은 상을 얻을 것임이라. 혹시 그들이 넘어지면 하나가 그 동무를 붙들어 일으키려니와 홀로 있어 넘어지고 붙들어 일으킬 자가 없는 자에게는 화가 있으리라.

5) 경건한 삶을 훈련함

(디모데후서 2:22)

또한 너는 청년의 정욕을 피하고 주를 깨끗한 마음으로 부르는 자들과 함께 의와 믿음과 사랑과 화평을 따르라.

6) 인격을 계발함

(잠언 27:17,19)

철이 철을 날카롭게 하는 것같이 사람이 그의 친구의 얼굴을 빛나게 하느니라. 물에 비치면 얼굴이 서로 같은 것같이 사람의 마음도 서로 비치느니라.

7) 지혜를 얻음

(잠언 13:20)

지혜로운 자와 동행하면 지혜를 얻고 미련한 자와 사귀면 해를 받느니라.

8) 성장케 됨

(에베소서 4:13)

우리가 다 하나님의 아들을 믿는 것과 아는 일에 하나가 되어 온전한 사람을 이루어 그리스도의 장성한 분량이 충만한 데까지 이르리니

9) 사역의 열매를 맺음

(사도행전 2:42,47)

그들이 사도의 가르침을 받아 서로 교제하고 떡을 떼며 오로지 기도하기를 힘쓰니라. 하나님을 찬미하며 또 온 백성에게 칭송을 받으니 주께서 구원받는 사람을 날마다 더하게 하시니라.

3. 교제의 요소

1) 복음 중심의 삶에 드려짐

(빌립보서 1:5,27)

너희가 첫날부터 이제까지 복음을 위한 일에 참여하고 있기 때문이라. 오직 너희는 그리스도의 복음에 합당하게 생활하라. 이는 내가 너희에게 가 보나 떠나 있으나 너희가 한마음으로 서서 한뜻으로 복음의 신앙을 위하여 협력하는 것과

2) 사랑과 선행을 격려함

(히브리서 10:24-25)

서로 돌아보아 사랑과 선행을 격려하며 모이기를 폐하는 어떤 사람들의 습관과 같이 하지 말고 오직 권하여 그날이 가까움을 볼수록 더욱 그리하자.

3) 필요를 채워 줌

(고린도후서 8:3-4)

내가 증언하노니 그들이 힘대로 할 뿐 아니라 힘에 지나도록 자원하여 이 은혜와 성도 섬기는 일에 참여함에 대하여 우리에게 간절히 구하니

4) 그리스도의 고난에 동참함

(베드로전서 4:13)

오히려 너희가 그리스도의 고난에 참여하는 것으로 즐거워하라. 이는 그의 영광을 나타내실 때에 너희로 즐거워하고 기뻐하게 하려 함이라.

5) 서로의 짐을 짐

(갈라디아서 6:2)

너희가 짐을 서로 지라. 그리하여 그리스도의 법을 성취하라.

4. 교제의 태도

1) 마음을 같이할 것

(빌립보서 2:1-2)

그러므로 그리스도 안에 무슨 권면이나 사랑의 무슨 위로나 성령의 무슨 교제나 긍휼이나 자비가 있거든 마음을 같이하여 같은 사랑을 가지고 뜻을 합하며 한마음을 품어

2) 겸손할 것

(빌립보서 2:3-4)

아무 일에든지 다툼이나 허영으로 하지 말고 오직 겸손한 마음으로 각각 자기보다 남을 낫게 여기고 각각 자기 일을 돌볼 뿐더러 또한 각각 다른 사람들의 일을 돌보아 나의 기쁨을 충만하게 하라.

3) 마음을 넓힐 것

(고린도후서 6:12-13)

너희가 우리 안에서 좁아진 것이 아니라 오직 너희 심정에서 좁아진 것이니라. 내가 자녀에게 말하듯 하노니 보답하는 것으로 너희도 마음을 넓히라.

4) 피차 복종할 것

(에베소서 5:21)

그리스도를 경외함으로 피차 복종하라.

5) 비교하지 말 것

(마가복음 9:34-35)

그들이 잠잠하니 이는 길에서 서로 누가 크냐 하고 쟁론하였음이라. 예수께서 앉으사 열두 제자를 불러서 이르시되 누구든지 첫째가 되고자 하면 뭇 사람의 끝이 되며 뭇 사람을 섬기는 자가 되어야 하리라 하시고

6) 쓴 뿌리를 갖지 말 것

(히브리서 12:15)

너희는 하나님의 은혜에 이르지 못하는 자가 없도록 하고 또 쓴 뿌리가 나서 괴롭게 하여 많은 사람이 이로 말미암아 더럽게 되지 않게 하며

7) 열매 없는 일에서 떠날 것

(에베소서 5:11)

너희는 열매 없는 어둠의 일에 참여하지 말고 도리어 책망하라.

8) 자기 일에 얽매이지 말 것

(디모데후서 2:4)

병사로 복무하는 자는 자기 생활에 얽매이는 자가 하나도 없나니 이는 병사로 모집한 자를 기쁘게 하려 함이라.

5. 교제에서의 문제 해결

1) 성도와의 관계

(마태복음 5:23-24)
그러므로 예물을 제단에 드리려다가 거기서 네 형제에게 원망 들을 만한 일이 있는 것이 생각나거든 예물을 제단 앞에 두고 먼저 가서 형제와 화목하고 그 후에 와서 예물을 드리라.

(마태복음 18:15)
네 형제가 죄를 범하거든 가서 너와 그 사람과만 상대하여 권고하라. 만일 들으면 네가 네 형제를 얻은 것이요

2) 하나님과의 관계

(요한일서 1:9)

만일 우리가 우리 죄를 자백하면 그는 미쁘시고 의로우사 우리 죄를 사하시며 우리를 모든 불의에서 깨끗하게 하실 것이요

(잠언 28:13)

자기의 죄를 숨기는 자는 형통하지 못하나 죄를 자복하고 버리는 자는 불쌍히 여김을 받으리라.

Ⅵ. 증 거

1. 전도는 누구의 책임인가?

1) 모든 그리스도인

(사도행전 1:8)
오직 성령이 너희에게 임하시면 너희가 권능을 받고 예루살렘과 온 유대와 사마리아와 땅 끝까지 이르러 내 증인이 되리라 하시니라.

(고린도후서 5:18-19)
모든 것이 하나님께로서 났으며 그가 그리스도로 말미암아 우리를 자기와 화목하게 하시고 또 우리에게 화목하게 하는 직분을 주셨으니 곧 하나님께서 그리스도 안에 계시사 세상을 자기와 화목하게 하시며 그들의 죄를 그들에게 돌리지 아니하시고 화목하게 하는 말씀을 우리에게 부탁하셨느니라.

2. 왜 전도를 해야 하나?

1) 하나님의 명령

(디모데후서 4:1-2)

하나님 앞과 살아 있는 자와 죽은 자를 심판하실 그리스도 예수 앞에서 그가 나타나실 것과 그의 나라를 두고 엄히 명하노니 너는 말씀을 전파하라. 때를 얻든지 못 얻든지 항상 힘쓰라. 범사에 오래 참음과 가르침으로 경책하며 경계하며 권하라.

2) 잃어버린 자에 대한 사랑

(누가복음 19:10)

인자가 온 것은 잃어버린 자를 찾아 구원하려 함이니라.

3) 복음 전할 부탁을 받음

(데살로니가전서 2:4)

오직 하나님께 옳게 여기심을 입어 복음을 위탁받았으니 우리가 이와 같이 말함은 사람을 기쁘게 하려 함이 아니요 오직 우리 마음을 감찰하시는 하나님을 기쁘시게 하려 함이라.

4) 부득불 할 일이므로

(고린도전서 9:16)

내가 복음을 전할지라도 자랑할 것이 없음은 내가 부득불 할 일임이라. 만일 복음을 전하지 아니하면 내게 화가 있을 것이로다.

5) 전파해야 믿게 되므로

(로마서 10:14)

그런즉 그들이 믿지 아니하는 이를 어찌 부르리요. 듣지도 못한 이를 어찌 믿으리요. 전파하는 자가 없이 어찌 들으리요.

6) 모든 사람이 구원받길 원하시므로

(디모데전서 2:4)

하나님은 모든 사람이 구원을 받으며 진리를 아는 데에 이르기를 원하시느니라.

7) 사람을 가장 아끼시므로

(요나 4:10-11)

여호와께서 이르시되 네가 수고도 아니하였고 재배도 아니하였고 하룻밤에 났다가 하룻밤에 말라 버린 이 박 넝쿨을 아꼈거든 하물며 이 큰 성읍 니느웨에는 좌우를 분변하지 못하는 자가 십이만여 명이요 가축도 많이 있나니 내가 어찌 아끼지 아니하겠느냐 하시니라.

8) 죄인 하나의 회개를 기뻐하시므로

(누가복음 15:7)

내가 너희에게 이르노니 이와 같이 죄인 한 사람이 회개하면 하늘에서는 회개할 것 없는 의인 아흔아홉으로 말미암아 기뻐하는 것보다 더하리라.

9) 주 안에서의 축복된 교제를 위해

(요한일서 1:3)

우리가 보고 들은 바를 너희에게도 전함은 너희로 우리와 사귐이 있게 하려 함이니 우리의 사귐은 아버지와 그의 아들 예수 그리스도와 더불어 누림이라.

10) 영원한 영광이 있음

(다니엘 12:3)

지혜 있는 자는 궁창의 빛과 같이 빛날 것이요 많은 사람을 옳은 데로 돌아오게 한 자는 별과 같이 영원토록 빛나리라.

3. 어떻게 전도하나?

1) 먼저 주님을 따를 것

(마태복음 4:19)

말씀하시되 나를 따라오라 내가 너희를 사람을 낚는 어부가 되게 하리라 하시니

2) 선한 간증의 삶을 살 것

(빌립보서 2:15-16)

이는 너희가 흠이 없고 순전하여 어그러지고 거스르는 세대 가운데서 하나님의 흠 없는 자녀로 세상에서 그들 가운데 빛들로 나타내며 생명의 말씀을 밝혀 나의 달음질이 헛되지 아니하고 수고도 헛되지 아니함으로 그리스도의 날에 내가 자랑할 것이 있게 하려 함이라.

3) 기도할 것

(에베소서 6:19)

또 나를 위하여 구할 것은 내게 말씀을 주사 나로 입을 열어 복음의 비밀을 담대히 알리게 하옵소서 할 것이니

4) 대답할 것을 예비할 것

(베드로전서 3:15)

너희 마음에 그리스도를 주로 삼아 거룩하게 하고 너희 속에 있는 소망에 관한 이유를 묻는 자에게는 대답할 것을 항상 준비하되 온유와 두려움으로 하고

5) 간증을 사용할 것

(요한복음 4:39)

여자의 말이 내가 행한 모든 것을 그가 내게 말하였다 증언하므로 그 동네 중에 많은 사마리아인이 예수를 믿는지라

6) 말씀의 능력을 믿고 전할 것

(히브리서 4:12)

하나님의 말씀은 살아 있고 활력이 있어 좌우에 날 선 어떤 검보다도 예리하여 혼과 영과 및 관절과 골수를 찔러 쪼개기까지 하며 또 마음의 생각과 뜻을 판단하나니

7) 말씀의 결과를 믿고 전할 것

(이사야 55:11)

내 입에서 나가는 말도 이와 같이 헛되이 내게로 되돌아오지 아니하고 나의 기뻐하는 뜻을 이루며 내가 보낸 일에 형통함이니라.

8) 전도의 초점을 예수님께 둘 것

(고린도전서 1:23-24)

우리는 십자가에 못 박힌 그리스도를 전하니 유대인에게는 거리끼는 것이요 이방인에게는 미련한 것이로되 오직 부르심을 받은 자들에게는 유대인이나 헬라인이나 그리스도는 하나님의 능력이요 하나님의 지혜니라.

9) 능력과 확신으로 전할 것

(데살로니가전서 1:5)

이는 우리 복음이 너희에게 말로만 이른 것이 아니라 또한 능력과 성령과 큰 확신으로 된 것임이라. 우리가 너희 가운데서 너희를 위하여 어떤 사람이 된 것은 너희가 아는 바와 같으니라.

10) 영접하도록 도울 것

(로마서 10:9-10)

네가 만일 네 입으로 예수를 주로 시인하며 또 하나님께서 그를 죽은 자 가운데서 살리신 것을 네 마음에 믿으면 구원을 받으리라. 사람이 마음으로 믿어 의에 이르고 입으로 시인하여 구원에 이르느니라.

11) 미루지 않도록 도울 것

(고린도후서 6:2)

이르시되 내가 은혜 베풀 때에 너에게 듣고 구원의 날에 너를 도왔다 하셨으니 보라 지금은 은혜받을 만한 때요 보라 지금은 구원의 날이로다.

12) 구원을 확증토록 할 것

(고린도후서 13:5)

너희는 믿음 안에 있는가 너희 자신을 시험하고 너희 자신을 확증하라. 예수 그리스도께서 너희 안에 계신 줄을 너희가 스스로 알지 못하느냐. 그렇지 않으면 너희는 버림받은 자니라.

13) 전도 성경공부를 할 것

(사도행전 17:2-3)

바울이 자기의 관례대로 그들에게로 들어가서 세 안식일에 성경을 가지고 강론하며 뜻을 풀어 그리스도가 해를 받고 죽은 자 가운데서 다시 살아나야 할 것을 증언하고 이르되 내가 너희에게 전하는 이 예수가 곧 그리스도라 하니

4. 전도의 모범

1) 바 울

(사도행전 20:24)

내가 달려갈 길과 주 예수께 받은 사명 곧 하나님의 은혜의 복음을 증언하는 일을 마치려 함에는 나의 생명조차 조금도 귀한 것으로 여기지 아니하노라.

2) 빌 립

(사도행전 8:29-30)

성령이 빌립더러 이르시되 이 수레로 가까이 나아가라 하시거늘 빌립이 달려가서 선지자 이사야의 글 읽는 것을 듣고 말하되 읽는 것을 깨닫느냐.

3) 베드로와 요한

(사도행전 4:20)
우리는 보고 들은 것을 말하지 아니할 수 없다 하니

5. 다리 예화

1) 하나님의 형상으로 지음받음

(창세기 1:27)
하나님이 자기 형상 곧 하나님의 형상대로 사람을 창조하시되 남자와 여자를 창조하시고

2) 죄로 인해 하나님과 분리됨

(이사야 59:1-2)

여호와의 손이 짧아 구원하지 못하심도 아니요 귀가 둔하여 듣지 못하심도 아니라. 오직 너희 죄악이 너희와 너희 하나님 사이를 갈라놓았고 너희 죄가 그의 얼굴을 가리어서 너희에게서 듣지 않으시게 함이니라.

3) 인간의 상태-죄인

(로마서 5:12)

그러므로 한 사람으로 말미암아 죄가 세상에 들어오고 죄로 말미암아 사망이 들어왔나니 이와 같이 모든 사람이 죄를 지었으므로 사망이 모든 사람에게 이르렀느니라.

(로마서 3:23)
모든 사람이 죄를 범하였으매 하나님의 영광에 이르지 못하더니

3) 인간의 상태-심판

(히브리서 9:27)
한 번 죽는 것은 사람에게 정해진 것이요 그 후에는 심판이 있으리니

(데살로니가후서 1:8-9)
하나님을 모르는 자들과 우리 주 예수의 복음에 복종하지 않는 자들에게 형벌을 내리시리니 이런 자들은 주의 얼굴과 그의 힘의 영광을 떠나 영원한 멸망의 형벌을 받으리로다.

3) 인간의 상태-사망

(로마서 6:23)

죄의 삯은 사망이요 하나님의 은사는 그리스도 예수 우리 주 안에 있는 영생이니라.

(요한계시록 21:8)

그러나 두려워하는 자들과 믿지 아니하는 자들과 흉악한 자들과 살인자들과 음행하는 자들과 점술가들과 우상 숭배자들과 거짓말하는 모든 자들은 불과 유황으로 타는 못에 던져지리니 이것이 둘째 사망이라.

4) 인간의 힘으로 구원받지 못함-행위

(에베소서 2:8-9)

너희는 그 은혜에 의하여 믿음으로 말미암아 구원을 받았으니 이것은 너희에게서 난 것이 아니요 하나님의 선물이라. 행위에서 난 것이 아니니 이는 누구든지 자랑하지 못하게 함이라.

(갈라디아서 2:21)

내가 하나님의 은혜를 폐하지 아니하노니 만일 의롭게 되는 것이 율법으로 말미암으면 그리스도께서 헛되이 죽으셨느니라.

4) 인간의 힘으로 구원받지 못함-종교

(사도행전 4:12)

다른 이로써는 구원을 받을 수 없나니 천하 사람 중에 구원을 받을 만한 다른 이름을 우리에게 주신 일이 없음이라 하였더라.

4) 인간의 힘으로 구원받지 못함-돈

(베드로전서 1:18)
너희가 알거니와 너희 조상이 물려준 헛된 행실에서 대속함을 받은 것은 은이나 금같이 없어질 것으로 된 것이 아니요

4) 인간의 힘으로 구원받지 못함-신비의 체험

(고린도전서 1:22-23)
유대인은 표적을 구하고 헬라인은 지혜를 찾으나 우리는 십자가에 못 박힌 그리스도를 전하니 유대인에게는 거리끼는 것이요 이방인에게는 미련한 것이로되

4) 인간의 힘으로 구원받지 못함-지혜

(고린도전서 1:21)

하나님의 지혜에 있어서는 이 세상이 자기 지혜로 하나님을 알지 못하므로 하나님께서 전도의 미련한 것으로 믿는 자들을 구원하시기를 기뻐하셨도다.

4) 인간의 힘으로 구원받지 못함-학문과 전통

(골로새서 2:8)

누가 철학과 헛된 속임수로 너희를 사로잡을까 주의하라. 이것은 사람의 전통과 세상의 초등 학문을 따름이요 그리스도를 따름이 아니니라.

4) 인간의 힘으로 구원받지 못함-혈통

(요한복음 1:13)
이는 혈통으로나 육정으로나 사람의 뜻으로 나지 아니하고 오직 하나님께로부터 난 자들이니라.

4) 인간의 힘으로 구원받지 못함-육은 무익함

(요한복음 3:6-7)
육으로 난 것은 육이요 영으로 난 것은 영이니 내가 네게 거듭나야 하겠다 하는 말을 놀랍게 여기지 말라.

(요한복음 6:63)
살리는 것은 영이니 육은 무익하니라. 내가 너희에게 이른 말은 영이요 생명이라.

5) 하나님의 해결-하나님께로 인도하는 다리

(베드로전서 3:18)
그리스도께서도 단번에 죄를 위하여 죽으사 의인으로서 불의한 자를 대신하셨으니 이는 우리를 하나님 앞으로 인도하려 하심이라. 육체로는 죽임을 당하시고 영으로는 살리심을 받으셨으니

5) 하나님의 해결-독생자를 주심

(요한복음 3:16)
하나님이 세상을 이처럼 사랑하사 독생자를 주셨으니 이는 그를 믿는 자마다 멸망하지 않고 영생을 얻게 하려 하심이라.

5) 하나님의 해결-죄를 위해 죽으심

(로마서 5:8)

우리가 아직 죄인 되었을 때에 그리스도께서 우리를 위하여 죽으심으로 하나님께서 우리에 대한 자기의 사랑을 확증하셨느니라.

5) 하나님의 해결-부활하심

(고린도전서 15:3-4)

내가 받은 것을 먼저 너희에게 전하였노니 이는 성경대로 그리스도께서 우리 죄를 위하여 죽으시고 장사 지낸 바 되셨다가 성경대로 사흘 만에 다시 살아나사

5) 하나님의 해결-모든 죄를 사하심

(골로새서 2:13)

또 범죄와 육체의 무할례로 죽었던 너희를 하나님이 그와 함께 살리시고 우리의 모든 죄를 사하시고

6) 인간의 책임-듣고 믿어야 함

(요한복음 5:24)

내가 진실로 진실로 너희에게 이르노니 내 말을 듣고 또 나 보내신 이를 믿는 자는 영생을 얻었고 심판에 이르지 아니하나니 사망에서 생명으로 옮겼느니라.

6) 인간의 책임-영접해야 함

(요한복음 1:12)

영접하는 자 곧 그 이름을 믿는 자들에게는 하나님의 자녀가 되는 권세를 주셨으니

(요한계시록 3:20)
볼지어다. 내가 문 밖에 서서 두드리노니 누구든지 내 음성을 듣고 문을 열면 내가 그에게로 들어가 그와 더불어 먹고 그는 나와 더불어 먹으리라.

6) 인간의 책임-영접 기도

(로마서 10:9-10)
네가 만일 네 입으로 예수를 주로 시인하며 또 하나님께서 그를 죽은 자 가운데서 살리신 것을 네 마음에 믿으면 구원을 받으리라. 사람이 마음으로 믿어 의에 이르고 입으로 시인하여 구원에 이르느니라.

VII. 그리스도의 주재권

1. 주재권을 인정해야 함

1) 창조의 주 되신 그리스도

(요한복음 1:2-3)

그가 태초에 하나님과 함께 계셨고 만물이 그로 말미암아 지은 바 되었으니 지은 것이 하나도 그가 없이는 된 것이 없느니라.

2) 만물의 주 되신 그리스도

(골로새서 1:16-17)

만물이 그에게서 창조되되 하늘과 땅에서 보이는 것들과 보이지 않는 것들과 혹은 왕권들이나 주권들이나 통치자들이나 권세들이나 만물이 다 그로 말미암고 그를 위하여 창조되었고 또한 그가 만물보다 먼저 계시고 만물이 그 안에 함께 섰느니라.

3) 교회의 머리 되신 그리스도

(골로새서 1:18)

그는 몸인 교회의 머리시라. 그가 근본이시요 죽은 자들 가운데서 먼저 나신 이시니 이는 친히 만물의 으뜸이 되려 하심이요

4) 모든 권세 위에 뛰어나신 그리스도

(에베소서 1:21)

모든 통치와 권세와 능력과 주권과 이 세상뿐 아니라 오는 세상에 일컫는 모든 이름 위에 뛰어나게 하시고

5) 모든 사람의 주님 되신 그리스도

(빌립보서 2:10-11)

하늘에 있는 자들과 땅에 있는 자들과 땅 아래 있는 자들로 모든 무릎을 예수의 이름에 꿇게 하시고 모든 입으로 예수 그리스도를 주라 시인하여 하나님 아버지께 영광을 돌리게 하셨느니라.

6) 산 자와 죽은 자의 주님 되심

(로마서 14:9)

이를 위하여 그리스도께서 죽었다가 다시 살아나셨으니 곧 죽은 자와 산 자의 주가 되려 하심이라.

7) 피 값으로 우리를 사심

(고린도전서 6:19-20)

너희 몸은 너희가 하나님께로부터 받은 바 너희 가운데 계신 성령의 전인 줄을 알지 못하느냐. 너희는 너희 자신의 것이 아니라 값으로 산 것이 되었으니 그런즉 너희 몸으로 하나님께 영광을 돌리라.

8) 헌신의 결단을 할 것

(고린도후서 5:15)
그가 모든 사람을 대신하여 죽으심은 살아 있는 자들로 하여금 다시는 그들 자신을 위하여 살지 않고 오직 그들을 대신하여 죽었다가 다시 살아나신 이를 위하여 살게 하려 함이라.

2. 주재권을 인정할 때의 축복

1) 필요를 채워 주심

(마태복음 6:33)
그런즉 너희는 먼저 그의 나라와 그의 의를 구하라. 그리하면 이 모든 것을 너희에게 더하시리라.

2) 넘치는 보상

(마가복음 10:29-30)

예수께서 이르시되 내가 진실로 너희에게 이르노니 나와 복음을 위하여 집이나 형제나 자매나 어머니나 아버지나 자식이나 전토를 버린 자는 현세에 있어 집과 형제와 자매와 어머니와 자식과 전토를 백 배나 받되 박해를 겸하여 받고 내세에 영생을 받지 못할 자가 없느니라.

3) 약속을 주심

(창세기 22:16-17)

이르시되 여호와께서 이르시기를 내가 나를 가리켜 맹세하노니 네가 이같이 행하여 네 아들 네 독자도 아끼지 아니하였은즉 내가 네게 큰 복을 주고 네 씨가 크게 번성하여 하늘의 별과 같고 바닷가의 모래와 같게 하리니 네 씨가 그 대적의 성문을 차지하리라.

4) 함께해 주심

(역대상 28:9)

내 아들 솔로몬아 너는 네 아버지의 하나님을 알고 온전한 마음과 기쁜 뜻으로 섬길지어다. 여호와께서는 모든 마음을 감찰하사 모든 의도를 아시나니 네가 만일 그를 찾으면 만날 것이요 만일 네가 그를 버리면 그가 너를 영원히 버리시리라.

5) 능력을 베푸심

(역대하 16:9상)

여호와의 눈은 온 땅을 두루 감찰하사 전심으로 자기에게 향하는 자들을 위하여 능력을 베푸시나니

6) 보호해 주심

(시편 91:14)

하나님이 이르시되 그가 나를 사랑한 즉 내가 그를 건지리라 그가 내 이름을 안즉 내가 그를 높이리라.

7) 귀히 여겨 주심

(사무엘상 2:30하)

나를 존중히 여기는 자를 내가 존중히 여기고 나를 멸시하는 자를 내가 경멸하리라.

3. 주재권을 인정할 영역

1) 자기 자신

(누가복음 9:23)
또 무리에게 이르시되 아무든지 나를 따라 오려거든 자기를 부인하고 날마다 제 십자가를 지고 나를 따를 것이니라.

2) 대인 관계

(잠언 16:7)
사람의 행위가 여호와를 기쁘시게 하면 그 사람의 원수라도 그와 더불어 화목하게 하시느니라.

3) 장래 진로

(잠언 3:5-6)

너는 마음을 다하여 여호와를 신뢰하고 네 명철을 의지하지 말라. 너는 범사에 그를 인정하라. 그리하면 네 길을 지도하시리라.

4) 세상 욕심

(에베소서 4:22-24)

너희는 유혹의 욕심을 따라 썩어져 가는 구습을 따르는 옛사람을 벗어 버리고 오직 너희의 심령이 새롭게 되어 하나님을 따라 의와 진리의 거룩함으로 지으심을 받은 새 사람을 입으라.

5) 정 욕

(디모데후서 2:22)
또한 너는 청년의 정욕을 피하고 주를 깨끗한 마음으로 부르는 자들과 함께 의와 믿음과 사랑과 화평을 따르라.

6) 재 물

(디모데전서 6:7-9)
우리가 세상에 아무것도 가지고 온 것이 없으매 또한 아무것도 가지고 가지 못하리니 우리가 먹을 것과 입을 것이 있은즉 족한 줄로 알 것이니라. 부하려 하는 자들은 시험과 올무와 여러 가지 어리석고 해로운 욕심에 떨어지나니 곧 사람으로 파멸과 멸망에 빠지게 하는 것이라.

7) 시간 사용

(에베소서 5:15-16)

그런즉 너희가 어떻게 행할지를 자세히 주의하여 지혜 없는 자같이 하지 말고 오직 지혜 있는 자같이 하여 세월을 아끼라. 때가 악하니라.

8) 부르심

(마가복음 1:20)

곧 부르시니 그 아버지 세베대를 품꾼들과 함께 배에 버려두고 예수를 따라가니라.

4. 주재권을 인정한 삶의 모범

1) 바 울

(빌립보서 1:20)
나의 간절한 기대와 소망을 따라 아무 일에든지 부끄러워하지 아니하고 지금도 전과 같이 온전히 담대하여 살든지 죽든지 내 몸에서 그리스도가 존귀하게 되게 하려 하나니

2) 디모데

(빌립보서 2:21-22)
그들이 다 자기 일을 구하고 그리스도 예수의 일을 구하지 아니하되 디모데의 연단을 너희가 아나니 자식이 아버지에게 함같이 나와 함께 복음을 위하여 수고하였느니라.

3) 믿음의 용사들

(히브리서 11:36-38상)
또 어떤 이들은 조롱과 채찍질뿐 아니라 결박과 옥에 갇히는 시련도 받았으며 돌로 치는 것과 톱으로 켜는 것과 시험과 칼로 죽임을 당하고 양과 염소의 가죽을 입고 유리하여 궁핍과 환난과 학대를 받았으니 (이런 사람은 세상이 감당하지 못하느니라)

VIII. 세계 비전

1. 세계를 위한 하나님의 관심과 약속

(창세기 12:2-3)
내가 너로 큰 민족을 이루고 네게 복을 주어 네 이름을 창대하게 하리니 너는 복이 될지라. 너를 축복하는 자에게는 내가 복을 내리고 너를 저주하는 자에게는 내가 저주하리니 땅의 모든 족속이 너로 말미암아 복을 얻을 것이라 하신지라

(이사야 49:6)
그가 이르시되 네가 나의 종이 되어 야곱의 지파들을 일으키며 이스라엘 중에 보전된 자를 돌아오게 할 것은 매우 쉬운 일이라 내가 또 너를 이방의 빛으로 삼아 나의 구원을 베풀어서 땅 끝까지 이르게 하리라.

2. 지상사명

(마태복음 28:19-20)
그러므로 너희는 가서 모든 민족을 제자로 삼아 아버지와 아들과 성령의 이름으로 세례를 베풀고 내가 너희에게 분부한 모든 것을 가르쳐 지키게 하라 볼지어다 내가 세상 끝 날까지 너희와 항상 함께 있으리라 하시니라.

(사도행전 1:8)
오직 성령이 너희에게 임하시면 너희가 권능을 받고 예루살렘과 온 유대와 사마리아와 땅 끝까지 이르러 내 증인이 되리라 하시니라.

3. 선교에 헌신할 것

(이사야 6:8)
내가 또 주의 목소리를 들으니 주께서 이르시되 내가 누구를 보내며 누가 우리를 위하여 갈꼬 하시니 그때에 내가 이르되 내가 여기 있나이다 나를 보내소서 하였더니

(로마서 15:16)
이 은혜는 곧 나로 이방인을 위하여 그리스도 예수의 일꾼이 되어 하나님의 복음의 제사장 직분을 하게 하사 이방인을 제물로 드리는 것이 성령 안에서 거룩하게 되어 받으실 만하게 하려 하심이라.

4. 세계를 위해 기도할 것

(시편 2:8)
내게 구하라. 내가 이방 나라를 네 유업으로 주리니 네 소유가 땅 끝까지 이르리로다.

(시편 57:5)
하나님이여 주는 하늘 위에 높이 들리시며 주의 영광이 온 세계 위에 높아지기를 원하나이다.

5. 전도할 것

(디도서 1:2-3)
영생의 소망을 위함이라. 이 영생은 거짓이 없으신 하나님이 영원 전부터 약속하신 것인데 자기 때에 자기의 말씀을 전도로 나타내셨으니 이 전도는 우리 구주 하나님이 명하신 대로 내게 맡기신 것이라.

(디모데후서 4:17)
주께서 내 곁에 서서 나에게 힘을 주심은 나로 말미암아 선포된 말씀이 온전히 전파되어 모든 이방인이 듣게 하려 하심이니 내가 사자의 입에서 건짐을 받았느니라.

6. 성장을 도울 것

(골로새서 1:28-29)
우리가 그를 전파하여 각 사람을 권하고 모든 지혜로 각 사람을 가르침은 각 사람을 그리스도 안에서 완전한 자로 세우려 함이니 이를 위하여 나도 내 속에서 능력으로 역사하시는 이의 역사를 따라 힘을 다하여 수고하노라.

(빌립보서 1:9-11)
내가 기도하노라. 너희 사랑을 지식과 모든 총명으로 점점 더 풍성하게 하사 너희로 지극히 선한 것을 분별하며 또 진실하여 허물 없이 그리스도의 날까지 이르고 예수 그리스도로 말미암아 의의 열매가 가득하여 하나님의 영광과 찬송이 되기를 원하노라.

7. 영적 배가를 할 것

(디모데후서 2:2)
또 네가 많은 증인 앞에서 내게 들은 바를 충성된 사람들에게 부탁하라. 그들이 또 다른 사람들을 가르칠 수 있으리라.

(이사야 60:22)
그 작은 자가 천 명을 이루겠고 그 약한 자가 강국을 이룰 것이라. 때가 되면 나 여호와가 속히 이루리라.

8. 단순한 삶과 전심의 삶을 살 것

(히브리서 12:1)
이러므로 우리에게 구름같이 둘러싼 허다한 증인들이 있으니 모든 무거운 것과 얽매이기 쉬운 죄를 벗어 버리고 인내로써 우리 앞에 당한 경주를 하며

(역대하 16:9상)
여호와의 눈은 온 땅을 두루 감찰하사 전심으로 자기에게 향하는 자들을 위하여 능력을 베푸시나니

9. 약속 성취의 영광

(하박국 2:14)
이는 물이 바다를 덮음같이 여호와의 영광을 인정하는 것이 세상에 가득함이니라.

(말라기 1:11)
만군의 여호와가 이르노라. 해 뜨는 곳에서부터 해 지는 곳까지의 이방 민족 중에서 내 이름이 크게 될 것이라. 각처에서 내 이름을 위하여 분향하며 깨끗한 제물을 드리리니 이는 내 이름이 이방 민족 중에서 크게 될 것임이니라.

I. 구원의 확신

1. 확신할 수 있음	고후 13:5	요일 5:11-12
2. 영생이 있음을 앎	요일 5:13	요 6:47
3. 죄 사함을 받음	엡 1:7	롬 8:1
4. 의롭게 됨	롬 3:24	롬 5:1
5. 그리스도 안에서 거듭남	벧전 1:3	딛 3:5
6. 하나님의 자녀가 됨	갈 3:26	롬 8:14
7. 믿는 자 안에 거하시는 성령	롬 8:9	요 14:16-17
8. 빼앗기지 않는 구원	요 10:28-29	롬 8:39
9. 말씀에 근거한 확신	벧전 1:23	엡 1:13

II. Quiet Time

1. 왜 Quiet Time을 가져야 하는가?

1) 하나님이 교제를 원하심	고전 1:9	사 30:18
2) 하나님의 명령	사 55:6	시 27:8
3) 축복의 약속	요 15:5	시 34:10
4) 하나님의 뜻을 알고 행하기 위해	합 2:1	시 143:8,10

2. Quiet Time이란 무엇인가?

1) 주님을 바라보는 것	히 12:2	시 42:11
2) 갈급함으로 주님께 나아가는 것	시 42:1	시 130:5-6
3) 우리 짐을 주님께 맡기는 것	시 55:22	시 68:19
4) 주님께 피하고 쉬는 것	시 91:9-10	마 11:28-29
5) 말씀과 기도로 주님과 교제하는 것	시 119:147-148	시 5:3
6) 주님을 예배하는 것	시 95:6	히 13:15
7) 매일의 만족을 얻는 것	시 90:14	시 107:9

3. Quiet Time의 본

1) 하루의 첫 시간에 기도하신 예수님	막 1:35
2) 친밀한 교제를 가진 모세	출 33:11
3) 생명보다 귀히 여긴 다니엘	단 6:10

4) 주님과 함께함으로 깨달음을 얻은 제자들 막 4:34

Ⅲ. 말 씀

1. 말씀의 권위

1) 하나님의 감동으로 된 말씀	딤후 3:16	벧후 1:21
2) 영원불변한 말씀	마 24:35	벧전 1:24-25
3) 진리의 말씀	요 17:17	삼하 7:28
4) 능력의 말씀	렘 23:29	딤후 2:9
5) 예수님도 말씀에 권위를 두심	마 4:4	눅 24:27

2. 말씀의 가치

1) 거듭나게 함	벧전 1:23	약 1:18
2) 성장하게 함	벧전 2:2	행 20:32
3) 인도해 주심	시 119:105	잠 6:22-23
4) 문제를 해결해 주심	시 107:20	마 8:8
5) 기쁨과 즐거움이 됨	렘 15:16	시 119:111
6) 영적 무기가 됨	엡 6:17	히 4:12

3. 말씀에 대한 태도

1) 날마다 말씀을 상고함	행 17:11
2) 종일 말씀을 묵상함	시 119:97
3) 말씀을 행하고 가르침	스 7:10
4) 일정한 음식보다 말씀을 더 귀히 여김	욥 23:12
5) 말씀을 믿고 순종함	눅 5:5-6

4. 말씀의 섭취 방법(말씀의 손 예화)

1) 듣 기	롬 10:17	눅 11:28
2) 읽 기	계 1:3	신 17:19
3) 공 부	행 17:11	딤후 2:15
4) 암 송	신 6:6	잠 7:1-3
5) 묵 상	시 1:1-2	수 1:8

Ⅳ. 기 도

1. 기도의 명령

1) 쉬지 말고 기도할 것	살전 5:17
2) 기도를 힘쓸 것	골 4:2
3) 깨어 기도할 것	벧전 4:7
4) 모든 사람을 위하여 기도할 것	딤전 2:1-2

2. 기도의 약속과 축복

1) 응답의 약속	요 14:13-14
2) 넘치는 응답	엡 3:20
3) 하나님의 뜻을 알게 됨	렘 33:3
4) 지혜를 주심	약 1:5
5) 두려움에서 건져 주심	시 34:4
6) 환난에서 건져 주심	시 50:15
7) 담대함을 주심	행 4:31
8) 전도의 기회를 주심	골 4:3

3. 응답받는 기도의 조건

1) 예수님의 이름으로 기도할 것	요 16:24
2) 믿음으로 기도할 것	마 21:22
3) 성령을 의뢰함으로 기도할 것	엡 6:18
4) 하나님의 뜻대로 기도할 것	요일 5:14-15
5) 죄를 자백하고 버릴 것	시 66:18
6) 순종할 것	요일 3:22
7) 합심하여 기도할 것	마 18:19
8) 적극적으로 기도할 것	마 7:7-8
9) 전심으로 부르짖을 것	렘 29:12-13
10) 약속을 주장하며 기도할 것	느 1:9

4. 기도의 본

1) 모험적인 기도	단 6:10
2) 우선순위를 둔 기도	눅 5:15-16

3) 밤을 새워 한 기도	눅 6:12
4) 간절한 기도	약 5:17-18
5) 곤경 중의 기도	행 16:25

5. 기도의 손 예화

1) 찬 양	대상 29:11-13
2) 중 보	딤전 2:1-2
3) 감 사	살전 5:18
4) 자 백	요일 1:9
5) 간 구	빌 4:6-7

V. 교 제

1. 교제의 기초

1) 그리스도의 보혈	엡 2:13	골 1:20
2) 하나님-성부, 성자, 성령	요일 1:3	고후 13:13

2. 교제의 중요성

1) 함께하심의 약속	마 18:20
2) 복을 명하심	시 133:1-3
3) 죄로부터 보호됨	히 3:13
4) 서로 일으켜 줌	전 4:9-10
5) 경건한 삶을 훈련함	딤후 2:22
6) 인격을 계발함	잠 27:17,19
7) 지혜를 얻음	잠 13:20
8) 성장케 됨	엡 4:13
9) 사역의 열매를 맺음	행 2:42,47

3. 교제의 요소

1) 복음 중심의 삶에 드려짐	빌 1:5,27
2) 사랑과 선행을 격려함	히 10:24-25
3) 필요를 채워 줌	고후 8:3-4

4) 그리스도의 고난에 동참함	벧전 4:13	
5) 서로의 짐을 짐	갈 6:2	

4. 교제의 태도

1) 마음을 같이할 것	빌 2:1-2	
2) 겸손할 것	빌 2:3-4	
3) 마음을 넓힐 것	고후 6:12-13	
4) 피차 복종할 것	엡 5:21	
5) 비교하지 말 것	막 9:34-35	
6) 쓴 뿌리를 갖지 말 것	히 12:15	
7) 열매 없는 일에서 떠날 것	엡 5:11	
8) 자기 일에 얽매이지 말 것	딤후 2:4	

5. 교제에서의 문제 해결

1) 성도와의 관계	마 5:23-24	마 18:15
2) 하나님과의 관계	요일 1:9	잠 28:13

Ⅵ. 증　　거

1. 전도는 누구의 책임인가?

1) 모든 그리스도인	행 1:8	고후 5:18-19

2. 왜 전도를 해야 하나?

1) 하나님의 명령	딤후 4:1-2	
2) 잃어버린 자에 대한 사랑	눅 19:10	
3) 복음 전할 부탁을 받음	살전 2:4	
4) 부득불 할 일이므로	고전 9:16	
5) 전파해야 믿게 되므로	롬 10:14	
6) 모든 사람이 구원받길 원하시므로	딤전 2:4	
7) 사람을 가장 아끼시므로	욘 4:10-11	
8) 죄인 하나의 회개를 기뻐하시므로	눅 15:7	
9) 주 안에서의 축복된 교제를 위해	요일 1:3	

10) 영원한 영광이 있음	단 12:3	

3. 어떻게 전도하나?

1) 먼저 주님을 따를 것	마 4:19	
2) 선한 간증의 삶을 살 것	빌 2:15-16	
3) 기도할 것	엡 6:19	
4) 대답할 것을 예비할 것	벧전 3:15	
5) 간증을 사용할 것	요 4:39	
6) 말씀의 능력을 믿고 전할 것	히 4:12	
7) 말씀의 결과를 믿고 전할 것	사 55:11	
8) 전도의 초점을 예수님께 둘 것	고전 1:23-24	
9) 능력과 확신으로 전할 것	살전 1:5	
10) 영접하도록 도울 것	롬 10:9-10	
11) 미루지 않도록 도울 것	고후 6:2	
12) 구원을 확증토록 할 것	고후 13:5	
13) 전도 성경공부를 할 것	행 17:2-3	

4. 전도의 모범

1) 바울	행 20:24	
2) 빌립	행 8:29-30	
3) 베드로와 요한	행 4:20	

5. 다리 예화

1) 하나님의 형상으로 지음받음	창 1:27	
2) 죄로 인해 하나님과 분리됨	사 59:1-2	
3) 인간의 상태		
(1) 죄인	롬 5:12	롬 3:23
(2) 심판	히 9:27	살후 1:8-9
(3) 사망	롬 6:23	계 21:8
4) 인간의 힘으로 구원받지 못함		
(1) 행위	엡 2:8-9	갈 2:21
(2) 종교	행 4:12	
(3) 돈	벧전 1:18	

(4) 신비의 체험	고전 1:22-23	
(5) 지혜	고전 1:21	
(6) 학문과 전통	골 2:8	
(7) 혈통	요 1:13	
(8) 육은 무익함	요 3:6-7	요 6:63
5) 하나님의 해결		
(1) 하나님께로 인도하는 다리	벧전 3:18	
(2) 독생자를 주심	요 3:16	
(3) 죄를 위해 죽으심	롬 5:8	
(4) 부활하심	고전 15:3-4	
(5) 모든 죄를 사하심	골 2:13	
6) 인간의 책임		
(1) 듣고 믿어야 함	요 5:24	
(2) 영접해야 함	요 1:12	계 3:20
(3) 영접 기도	롬 10:9-10	

Ⅶ. 그리스도의 주재권

1. 주재권을 인정해야 함

1) 창조의 주 되신 그리스도	요 1:2-3
2) 만물의 주 되신 그리스도	골 1:16-17
3) 교회의 머리 되신 그리스도	골 1:18
4) 모든 권세 위에 뛰어나신 그리스도	엡 1:21
5) 모든 사람의 주님 되신 그리스도	빌 2:10-11
6) 산 자와 죽은 자의 주님 되심	롬 14:9
7) 피 값으로 우리를 사심	고전 6:19-20
8) 헌신의 결단을 할 것	고후 5:15

2. 주재권을 인정할 때의 축복

1) 필요를 채워 주심	마 6:33
2) 넘치는 보상	막 10:29-30
3) 약속을 주심	창 22:16-17

4) 함께해 주심	대상 28:9
5) 능력을 베푸심	대하 16:9상
6) 보호해 주심	시 91:14
7) 귀히 여겨 주심	삼상 2:30하

3. 주재권을 인정할 영역

1) 자기 자신	눅 9:23
2) 대인 관계	잠 16:7
3) 장래 진로	잠 3:5-6
4) 세상 욕심	엡 4:22-24
5) 정욕	딤후 2:22
6) 재물	딤전 6:7-9
7) 시간 사용	엡 5:15-16
8) 부르심	막 1:20

4. 주재권을 인정한 삶의 모범

1) 바울	빌 1:20
2) 디모데	빌 2:21-22
3) 믿음의 용사들	히 11:36-38상

Ⅷ. 세계 비전

1. 세계를 위한 하나님의 관심과 약속	창 12:2-3	사 49:6
2. 지상사명	마 28:19-20	행 1:8
3. 선교에 헌신할 것	사 6:8	롬 15:16
4. 세계를 위해 기도할 것	시 2:8	시 57:5
5. 전도할 것	딛 1:2-3	딤후 4:17
6. 성장을 도울 것	골 1:28-29	빌 1:9-11
7. 영적 배가를 할 것	딤후 2:2	사 60:22
8. 단순한 삶과 전심의 삶을 살 것	히 12:1	대하 16:9상
9. 약속 성취의 영광	합 2:14	말 1:11

Memo

네비게이토 주제별 성경암송 시리즈 소개

▶ **그리스도와의 새출발 5구절**
예수님을 영접한 그리스도인이 가져야 할 5가지 확신

▶ **그리스도와의 동행 8구절**
그리스도와 동행하는 삶에 필요한 8가지 생활 지침

▶ **주제별 성경암송 60구절**
그리스도 제자도의 핵심 사항을 5가지 주제별로 정리

▶ **주제별 성경암송 242구절**
자신이 헌신된 주님의 제자로 성장할 뿐 아니라 다른 사람을 제자로 삼는 데 필요한 내용을 8가지 주제로 분류

▶ **주제별 성경암송 180구절**
성숙한 믿음과 인격을 갖춘 헌신된 지도자로 성장하기 위해서 필요한 내용을 5가지 주제로 정리

PERSONAL NOTES

Name

Phone

Address

Memo

To know Christ and
To make Him known

네비게이토 출판사
Tel: (02)334-3305, http://navpress.co.kr

7000

한눈에 보는 DEP242(개역개정판)

초판 1쇄 발행 : 2017년 9월 5일
초판 2쇄 발행 : 2022년 5월 10일

펴낸곳 : 네비게이토 출판사ⓒ
주소 : 03784 서울시 서대문구 연희로 16 (창천동)
전화 : 334-3305(대표), 334-3037(주문), 334-3119(팩스)
홈페이지 : http://navpress.co.kr
출판등록 : 제10-111호(1973년 3월 12일)

ISBN : 978-89-375-0531-7 02230